Roland Rosenstock / Christine Senkbeil

Ausgezahlt

Zachäus und das liebe Geld

Herausgegeben von Sebastian Debertin

Ein Gemeinschaftsprojekt von:

»Nieder mit Zachäus! Schluss mit der Ausbeuterei!« Laut und aufgeregt klingen die Rufe der Menschen, die sich am westlichen Stadttor von Jericho versammelt haben. Einer ruft aus, was sie alle seit langer Zeit quält: Ihr schwer verdientes Geld wandert in die Taschen des Steuereintreibers Zachäus. Der Diener Roms hört einfach nicht auf, den Leuten noch das letzte Geld abzunehmen.

»Glaubt Zachäus vielleicht, wir arbeiten nur, um ihn reich zu machen?«

Niemand bemerkt den weißen Blitz über dem blauen Sommerhimmel der Palmenstadt. Dabei schlägt er nur eine Hausecke weit entfernt von der Versammlung ein.

Cora, Habib und die vier Wonderers sind in einer neuen Bibelgeschichte gelandet. Mitten in der Stadt, ohne auch nur eines der gut bewachten Stadttore durchqueren zu müssen. Vorsichtig lugen sie um die Ecke. Wo wird ihr Abenteuer diesmal beginnen? Waren sie hier nicht schon einmal? Habib kommt der Ort irgendwie bekannt vor.

Eine kleine Weile beobachten die sechs Freunde das Geschehen auf dem Platz und die aufgebrachten Leute. »Wer ist dieser Zachäus?«, will Cora wissen.

Sie befragt den Zeitreisewürfel, der sich direkt nach ihrer Landung wieder in den Eulerich C.T. verwandelt hat. Aufgeregt kommt er aus dem Inneren ihrer Tasche hervorgeflogen.

»Zachäus …«, antwortet der kluge kleine Kerl. »Er treibt Steuern für die Römer ein.«

Es ist doch ein Glück, dass Coras Vater C.T. mit dem ganzen Wissen über die Bibel ausgestattet hat. Dass er hin und wieder ein bisschen vergesslich ist – geschenkt. Cora liebt dieses goldige Tierchen trotzdem sehr.

Gold – das erfreut auch das Herz des Zachäus. Gerade nähert er sich dem Stadttor. Die Menschen auf dem Platz beobachten ihn, als er einem alten, dürren Männlein das letzte Geld abnimmt, das ihm noch zum Leben geblieben ist.

Zachäus scheint wirklich keine Gnade zu kennen. »Wir müssen einen Weg finden, Jericho von diesem gierigen Ausbeuter zu befreien«, sagt der Anführer der Menge zähneknirschend.

Da fällt Habib ein, warum ihm die Umgebung so bekannt erscheint: »Jericho! Das ist da, wo Jesus den blinden Bartimäus geheilt hat, weißt du noch, Cora?« Sie beschließen, die Leute nach Bartimäus zu fragen. Sicher würde er ihnen bei der Suche nach Coras Vater weiterhelfen können.

»Bartimäus, der wohnt hier nicht«, antwortet der Anführer auf Coras Frage. »Sagt mal, wer seid ihr überhaupt?«

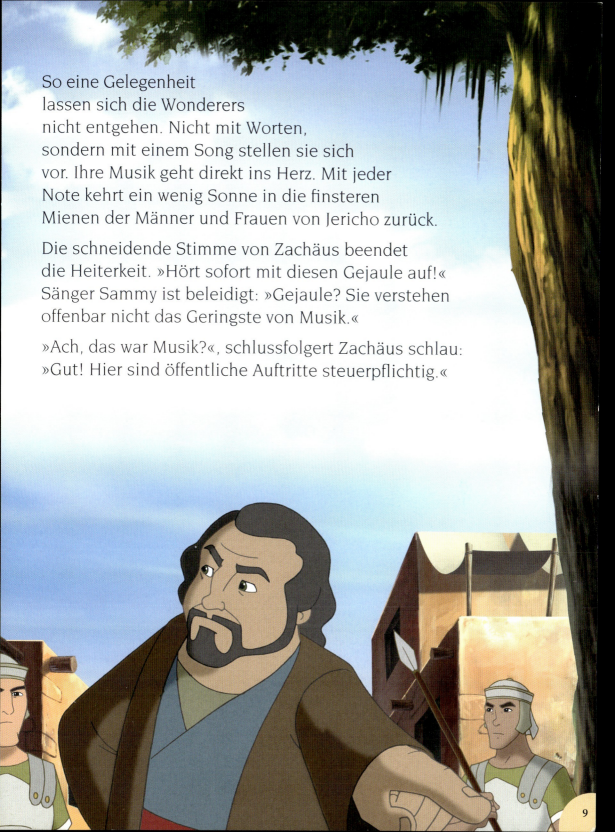

So eine Gelegenheit lassen sich die Wonderers nicht entgehen. Nicht mit Worten, sondern mit einem Song stellen sie sich vor. Ihre Musik geht direkt ins Herz. Mit jeder Note kehrt ein wenig Sonne in die finsteren Mienen der Männer und Frauen von Jericho zurück.

Die schneidende Stimme von Zachäus beendet die Heiterkeit. »Hört sofort mit diesen Gejaule auf!« Sänger Sammy ist beleidigt: »Gejaule? Sie verstehen offenbar nicht das Geringste von Musik.«

»Ach, das war Musik?«, schlussfolgert Zachäus schlau: »Gut! Hier sind öffentliche Auftritte steuerpflichtig.«

Auf eine weitere Diskussion lässt sich der Steuereintreiber nicht ein. »Festnehmen!«, befiehlt er, denn bezahlen können weder Cora und Habib, noch die Wonderers. Und schon packen die Soldaten die vier Musiker und schleppen sie in Richtung Gefängnis.

»Sie haben doch nur ein Lied gesungen und wussten nichts von dieser Steuer!«, rufen Cora und Habib. Doch die Kinder haben keine Chance gegen die Speere der Soldaten.

Jetzt sind die Lücken zwischen den Gitterstäben die einzige Ansicht von Jericho, die sich den gefangenen Tieren bietet. Sie sehen nur ein paar Hausdächer gegenüber und ein Stück Himmel.

Doch dann schiebt sich Coras Kopf davor. Sie musste auf Habibs Schultern steigen, um sich bis hierher hochzuziehen. »Emma? Nick? Wie geht es euch allen?«

»Cora!«, rufen die vier erfreut wie aus einem Munde. Nick hat die größten Sorgen: »Bitte, du musst uns hier rausholen. Wir kriegen überhaupt nichts zu essen. Die wollen uns bestimmt verhungern lassen.«

»Keine Sorge, mir fällt schon was ein. Haltet bitte durch«, tröstet Cora. Der Klippdachs jammert, begleitet von Maxxis quietschendem Gelächter. »Du weißt aber schon, dass wir erst seit fünf Minuten hier sind«, mahnt Emma.

Hreel und der Professor sind ebenfalls in Jericho gelandet. Und da der Agent des Bösen einen Riecher dafür hat, wo die Gemeinheit steckt, lungert er bereits mit seinem Gefangenen vor dem Gehöft des gierigen Zachäus herum.

»Ich muss nur verhindern, dass Jesus auf Zachäus trifft«, nimmt Hreel sich vor. »Dann kann mein Plan dieses Mal gelingen.«

Hreel tritt auf die Soldaten zu, die das Grundstück des Steuereintreibers bewachen. »Ich wollte euch anbieten, für mich zu arbeiten«, schlägt er den Männern vor.

»Wir bekommen unsere Befehle aus Rom«, wehrt einer von ihnen ab. Doch Hreel fällt es nicht schwer, alle drei umzustimmen. »Ich wette, Zachäus würde euch nie etwas von dem Geld abgeben, das er eintreibt. Doch ich könnte euch zu Reichtum verhelfen. Wollt ihr das?«

Da ihr Sold gering ist, gehen die drei sehr gerne auf den Handel ein und folgen Hreel. »Kommt mit! Wir haben eine Menge zu tun«, befiehlt ihr neuer Herr.

Wenig später gelangen Cora und Habib an das Haus des Zachäus. Vielleicht können sie ihn ja doch überreden, ihre Freunde freizulassen. Soeben haben sie erfahren, dass Jesus in die Stadt kommen wird: ihr guter Freund. Und Jesus wird auf Zachäus treffen. Das wissen sie von C.T. Dann wird alles gut.

Entschlossen klopfen sie an die Tür des Tyrannen.

Als Zachäus die Tür öffnet und die Kinder erblickt, verfinstert sich seine Miene. Er ist wütend, weil die Soldaten die Kinder nicht aufgehalten haben. Außerdem fordert er als Preis für die Freilassung der Wonderers die Summe von 1.000 Dinaren – so viel Geld haben Cora und Habib nicht.

»Macht, dass ihr wegkommt!«, tönt es noch, bevor die Tür hinter ihm laut ins Schloss fällt.

Hreel versucht inzwischen, Anhänger für seinen Plan zu finden, Zachäus aus dem Weg zu schaffen. Wenn Jesus eintrifft, darf Zachäus nicht mehr in der Stadt sein. Seine Soldaten bewachen dabei den Professor und zerren ihn hinter sich her.

Die Menschen in Jericho weichen ängstlich vor dem Agenten des Bösen und den verhassten Soldaten zurück. Wohin diese ihre Schritte auch lenken, schwindet das Lächeln aus den Gesichtern der Bürger.

»Diese Männer sind ab jetzt eure Freunde«, behauptet nun die schnarrende Stimme Hreels. Freunde? Ausgerechnet die Soldaten? »Aber die arbeiten doch für Zachäus«, entgegnet der Mann ungläubig, der schon vorhin die Rede führte. »Wir haben genug von Zachäus. Wir sind jetzt auf eurer Seite«, erklären ihm die Soldaten.

»Dass ich das noch erleben darf. Der Fremde muss sie überzeugt haben«, dringt es aus dem allgemeinen Jubel der Menge hervor. Der verhasste Diener Roms ist ohne Schutz.

»Und wie geht es jetzt weiter?«, wollen die Menschen wissen. »Verjagt den Kerl«, hetzt Hreel. »Unseren Soldaten wird es ein Vergnügen sein, ihn aus der Stadt zu vertreiben.«

Wie ein Lauffeuer verbreitet sich die Idee. Aus allen Richtungen kommen plötzlich Menschen mit Forken und Stöcken bewaffnet. »Ja! Genau! Recht hat er! Verjagen wir ihn!«, tönt die Menge und setzt sich in Bewegung.

Cora und Habib hocken niedergeschlagen vor Zachäus' Haus, als das Geräusch der aufgebrachten Menge immer näher kommt.

Als sie aufschauen, erscheinen die wütenden Menschen bereits im Torweg und stürmen entschlossen auf das Haus zu.

»Komm sofort raus, Zachäus, oder wir kommen rein und holen dich!«, ruft ihr Anführer mit fester Stimme.

Zachäus tritt vor die Tür und ist außer sich: »Seid ihr übergeschnappt? Ich bin ein Beauftragter Roms. Verschwindet oder ich lasse euch festnehmen.«

Dann ruft er nach den Wachen. Schnell laufen diese herbei. Doch anstatt ihn zu beschützen, führen sie ihn ab. »Was tut ihr Volltrottel denn da?«, brüllt Zachäus außer sich. Doch es nützt ihm nichts. Hier hört niemand mehr auf seine Befehle.

Unter Gelächter und mit lautem Freudengesang geht es zum Stadttor. »Nieder mit Zachäus! Er hat's nicht besser verdient!« Kraftvoll schleudern zwei Soldaten den bärtigen Gesellen im hohen Bogen in den Wüstensand.

Zachäus kann es immer noch nicht glauben. Wie konnten sich die Soldaten seinem Befehl widersetzen? Mit lautem Schimpfen und Flehen versucht er, wieder Einlass in die Stadt zu finden. Vergebens. »Hurra! Wir sind ihn los!«, jubeln die Menschen. Wie eine Mauer stehen die Soldaten vor dem Tor.

Cora und Habib sind der Menge gefolgt. Ihnen kommt dieses ganze Strafgericht unheimlich vor. Beide spüren, dass eine fremde Macht die Wut dieser Menschen lenkt. Irgendetwas stimmt hier nicht!

»Das war Hreel!« Cora ist sich sicher. »Er will verhindern, dass sich Zachäus und Jesus treffen. Das heißt, er und mein Vater müssen irgendwo in der Nähe sein.«

Doch nun müssen erst einmal die Wonderers befreit werden. Habib wendet sich an einen der Wachmänner: »Dann könnt ihr unsere Freunde ja freilassen.«

»Nein. Unser neuer Befehlshaber hat angeordnet, dass sie in Haft bleiben«, erklärt er.

»Wie bitte? Und wer ist euer neuer Befehlshaber?« Cora ahnt, wer diesen Befehl gegeben hat.

Tatsächlich! Da steht er plötzlich vor ihnen, der neue Befehlshaber. Es ist Hreel.

Cora erschrickt und zugleich tanzt ihr Herz aufgeregt hin und her. Der Agent des Bösen ist nicht allein. Ihre Blicke gleiten an ihm vorbei, für einen Augenblick sieht sie nur noch seinen Gefangenen.

»Papa!«, ruft sie. Noch immer ist Professor Petersen gefesselt und im Schlepptau Hreels, aber er ist lebendig und wohlauf.

Auch seine Augen strahlen als er Cora erblickt. Endlich sehen sie sich wieder! Energisch versucht sich der Professor von seinem Peiniger loszureißen, doch Hreel lässt ihn nicht los.

Hreels Stimme holt Cora endgültig aus ihren Träumen zurück. »Schnappt euch die Gören!«, ruft er seinen Soldaten zu und sie gehorchen sofort.

Zum Glück ist Habib noch flinker als die bewaffneten Männer. Geschickt stellt er einem Wachmann ein Bein, gerade als dieser sich auf Cora stürzen will.

»Komm!«, ruft er der verwirrten Cora zu und zieht sie mit sich fort.

Verzweifelt versuchen die Kinder, ihre bewaffneten Verfolger abzuhängen. Als sie an der Gefängniszelle der Wonderers vorbeirennen, ruft Emma ihnen zu: »Ihr lauft direkt in eine Sackgasse!«

Doch Cora und Habib haben keine Wahl. Die Häscher sind ihnen dicht auf den Fersen.

An der hohen Stadtmauer gibt es kein Weiterkommen mehr – sie sind tatsächlich in einer Sackgasse gelandet. Bedrohlich kommen die Soldaten näher.

Aber so leicht gibt sich ein pfiffiger Straßenjunge wie Habib nicht geschlagen. Ganz unten in der Mauer hat er eine Bodenöffnung entdeckt, durch die sie beide hindurch passen könnten.

Ein Augenzwinkern reicht, und Cora versteht: »Ich würde sagen, es wird Zeit, dass wir uns dünne machen«, kichert sie verschmitzt.

Zunächst muss Habib die Wachen ablenken. »Da hinten geht Zachäus!«, ruft er und weist auf irgendeinen Punkt hinter den breiten Rücken ihrer Verfolger.

Alle drei Männer fallen auf diesen Trick herein: Als sie sich gründlich umgeschaut und Zachäus nicht entdeckt haben, ist gerade noch eine Fußspitze von Habib zu sehen. Ausgetrickst!

Es ist Nacht geworden. Cora und Habib irren durch die Wüste und suchen nach Zachäus. Es muss ihnen gelingen, den Steuereintreiber unbemerkt in die Stadt zu schmuggeln, damit er und Jesus sich dort treffen können.

Von Ferne entdecken sie einen ängstlichen kleinen Mann. Von überall dringen schreckliche Geräusche an sein Ohr. »Ich will nicht gefressen werden«, wimmert er, als er Schritte näherkommen hört.

»Wir sind's nur«, beruhigt ihn Habib. Doch Zachäus mag die beiden Kinder nicht. »Oh nein! Nicht wieder diese zwei Nervensägen. Da wär' mir ein Rudel Löwen fast lieber gewesen.«

Doch Cora macht dem Steuereintreiber klar, dass sie ihm helfen wollen, in die Stadt zurückzukehren. »Unter einer Bedingung: Sie müssen versprechen, dass unsere Freunde aus dem Gefängnis kommen«, diktiert sie streng.

Zachäus willigt ein.

Eine Freude ist es nicht, mit Zachäus durch die Wüste zu wandern. Statt froh und dankbar zu sein, schimpft und mosert der kleine Mann alle zehn Schritte herum. »Mir tun die Füße weh! Ich habe Hunger! Wie kann man so dumm sein, ohne Proviant loszugehen?« So geht das in einem fort.

Habib reicht es. »Wir sollten ihn einfach hier sitzenlassen«, zischt er Cora zu. Aber sie schafft es, den lockigen Hitzkopf zu besänftigen. »Wir brauchen ihn, um die Bibelgeschichte und die Wonderers zu retten.«

Kurz nach Sonnenaufgang erreichen sie die Stadttore. Hier herrscht ein Treiben, als sei es heller Tag. »Jesus wird bald hier sein!«, verkünden alte und junge Stimmen, Männer und Frauen. Viele Menschen strömen zu den Toren. Aber alle Eingänge sind streng bewacht, so wie Hreel es befohlen hat. Die Wächter durchsuchen emsig jeden Wagen. Sie suchen Cora, Habib und Zachäus.

Hinter Büschen versteckt, sinnen die Kinder nach einem Plan, unbemerkt in die Stadt zu gelangen.

Cora hat eine Idee. »Die Frau dort und unser Zachäus scheinen ungefähr die gleiche Kleidergröße zu haben«, erklärt sie Habib lächelnd.

Habibs Augen beginnen zu funkeln. Der Freund hat sie also verstanden. »Ich brauche ein paar Dinar!«, fordert Habib von Zachäus. Der Bärtige gehorcht mit verkniffener Miene.

Nach einem kurzen Handel kehrt Habib grinsend mit einem entzückenden Damenkleid zurück. Unter Protest streift Zachäus das Zeug über sein Gewand und sieht augenblicklich aus wie eine Frau.

»Hör auf zu lachen, ich finde er sieht zauberhaft aus«, grinst Cora.

Zachäus will sich wütend den Schleier abreißen. »Diese Aufmachung ist einfach lächerlich.« Da fällt ihm sein schönes Geld ein, das noch in der Stadt ist. Außerdem wird Cora jetzt sehr streng: »Hast du eine bessere Idee? Falls nicht, schlage ich vor, du hörst auf zu nörgeln und machst dich jetzt auf den Weg.«

Also fügt sich Zachäus in seine Rolle und spielt sie nicht einmal schlecht! Er versucht tapfer einen betont weiblichen Gang, tänzelt leicht wie der Frühlingswind durch das Stadttor und verschwindet in der Menge.

In der Stadt ist der Tumult noch größer als vor den Toren. Alle wollen Jesus sehen. Auch Zachäus verdreht seinen Kopf, um den hohen Gast zu erblicken. Das neue Gewand behindert ihn dabei ein wenig, und ungeschickt rempelt er einen Mann an. Nicht irgendeinen Mann, sondern Hreel. »Geh mir gefälligst aus dem Weg, du Tölpel!«, piepst Zachäus mit hoher Frauenstimme.

Hreel braucht einen Moment, aber dann kapiert er. »Das war Zachäus. Er ist wieder hier!«, zischt er bitter. Der Professor ist froh: Auf seine Cora ist Verlass! »Und er kommt gerade rechtzeitig, würde ich sagen.«

Argwöhnisch beobachtet Hreel, was Zachäus wohl vorhat. »So klein wie er ist, wird Jesus ihn mit Sicherheit übersehen«, hofft er. Dann erinnert der Agent des Bösen sich an die Bibelgeschichte. Zachäus ist auf einen Baum geklettert, um Jesus sehen zu können. »Auf was für einen Baum?«, fragt er Petersen. »Ich glaube, dass es eine Palme war«, antwortet dieser listig.

Ohne es zu ahnen, hilft Coras Vater damit auch den beiden Kindern, endlich in die Stadt zu gelangen. Denn die Soldaten, die eben noch das Stadttor bewacht haben, werden von Hreel nun zum Baumfällen abkommandiert. Unbeobachtet können Cora und Habib jetzt blitzschnell durch das Tor huschen. Zachäus hat sich inzwischen bis zu seinem Baum durchgeschlagen: Es ist keine Palme, sondern ein Maulbeerbaum. Beim Klettern verliert er zwar seine Tarnung, aber von hier oben hat er alles im Blick.

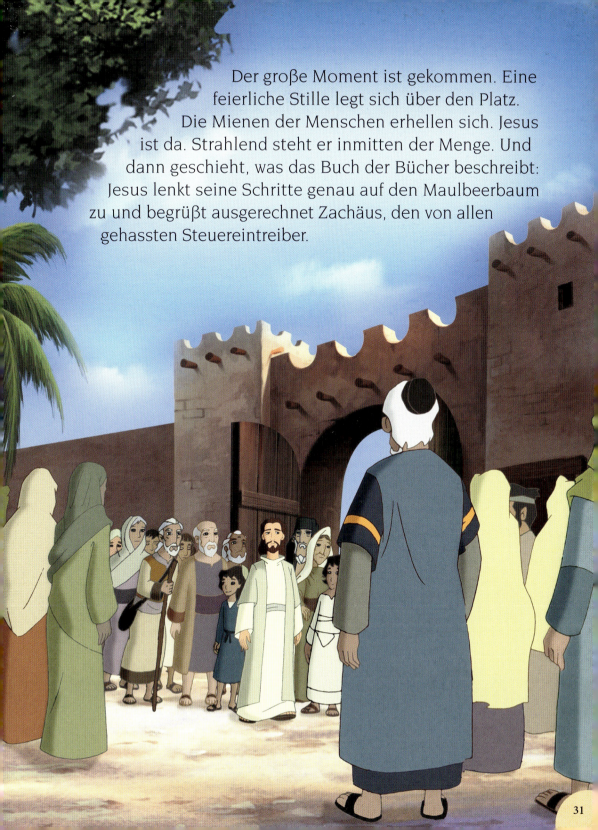

Der große Moment ist gekommen. Eine feierliche Stille legt sich über den Platz. Die Mienen der Menschen erhellen sich. Jesus ist da. Strahlend steht er inmitten der Menge. Und dann geschieht, was das Buch der Bücher beschreibt: Jesus lenkt seine Schritte genau auf den Maulbeerbaum zu und begrüßt ausgerechnet Zachäus, den von allen gehassten Steuereintreiber.

Erst jetzt bemerkt Hreel, dass er hinters Licht geführt wurde. »Ups, habe ich Palme gesagt? Ich meinte natürlich Maulbeerbaum ...«, erklärt sein Gefangener arglos.
Von nun an muss Hreel machtlos zuschauen, wie Jesus und Zachäus sich kennenlernen.

Jesus reicht Zachäus seine Hand. Auch Zachäus selbst kann es kaum fassen. Er empfindet etwas, an das er sich höchstens aus frühen Kindertagen erinnert. Ein Gefühl, das mit jedem Goldstück, das durch seine Hand glitt, tiefer verschüttet wurde. Es ist ein warmes Gefühl – und es nennt sich: Glück.

»Hallo! Wie heißt du, mein Freund?«, fragt Jesus.
»M-m-mein Freund? Ich heiße Zachäus«, antwortet dieser verwirrt.

Der Steuereintreiber Zachäus. Auch die Menschen in Jericho erkennen ihn wieder: »Mit so einem solltest du dich nicht abgeben, Jesus«, warnt ihr Wortführer. »Jagt ihn wieder aus der Stadt! Halsabschneider!«, rufen andere.

Ängstlich schaut Zachäus auf Jesus. Als er zu sprechen anhebt, braucht seine Stimme nicht lauter zu werden, und trotzdem hört man ihn überall auf dem Platz. »Dieser Mann mag euch Unrecht getan haben, doch wenn ihr ihm nicht erlaubt sich zu ändern, dann tut ihr ebenfalls nicht das Richtige.«

Schon die wenigen Worte machen die Leute nachdenklich. Tatsächlich, Fehler machen sie selbst auch. Einem anderen eine neue Chance zu geben, daran haben sie noch gar nicht gedacht.

»Jesus!«, zwitschert plötzlich eine fröhliche Mädchenstimme.
»Jesus!«, ruft auch die bekannte Stimme eines Jungen.
»Cora und Habib! Das ist ja eine Überraschung. Schön, euch wiederzutreffen«, antwortet der Gesuchte und umarmt seine kleinen Freunde. Auch der Soldat lächelt, der die beiden auf Hreels Geheiß verfolgt hat und sie gerade festnehmen will.

Wenige Minuten später dreht sich in der Gefängnistür der erlösende Schlüssel: endlich Freiheit für die Wonderers, endlich wieder Futter für Nick.

»Cora! Habib! Da seid ihr ja!«, jubeln die Tiere.

»Bestimmt sehe ich völlig abgemagert aus«, befürchtet der Klippdachs. »Oh, ja!«, bestätigt Cora, »du bist kaum noch zu sehen, so sehr hast du abgenommen.«

Zum ersten Mal seit dem Beginn dieses Abenteuers lachen alle sechs gemeinsam – endlich sind sie wieder frei.

Die Menschen sind Jesus und Zachäus vom Stadttor bis zu dessen Haus gefolgt. Jesus will mit ihm speisen und bei ihm sein Nachtquartier nehmen. »Wie kannst du nur die Einladung eines Diebes und Betrügers annehmen, der uns alle bestohlen hat?«, richtet sich der Anführer an Jesus.

»Weil jeder, der bereut, Vergebung verdient. Und ich glaube Zachäus, dass er sich bessern will«, antwortet Jesus überzeugt.

Tatsächlich scheint der kleine Mann wie gewandelt. Mit lang vergessener Freundlichkeit wendet er sich den Leuten zu und lädt alle zum Essen ein. Doch die Leute aus Jericho zweifeln an Zachäus' Wandlung und wollen erst einmal ihr Geld zurück.

»Es ist wahr, dass ich euch schamlos ausgebeutet habe«, gibt Zachäus ehrlich zu, »und es ist euer gutes Recht, wütend auf mich zu sein. Doch ich bin ein neuer Mensch, seit ich Jesus getroffen habe. Ich werde euch heute Abend nach dem Essen allen das Vierfache von dem zurückerstatten, um das ich euch betrogen habe.«

Ein ungläubiges Raunen geht durch die Menge. »Wir werden sehen!«, sagen die Menschen. Langsam verteilen sie sich.

Hreel kann nicht glauben, was er aus seinem Versteck beobachtet. Wohin ist die Wut, die er bei den Leuten von Jericho angestachelt hat, der Neid, der Missmut? Was kann dieser Jesus nur? Aber noch ist der Kampf nicht entschieden. »Wir müssen das Geld finden und verschwinden lassen, bevor Zachäus die Möglichkeit hat, es zurückzugeben. Dann werden sie glauben, dass Jesus mit einem Betrüger gemeinsame Sache macht und nicht mehr länger auf diesen Sprücheklopfer hören.«

Rund um den reich gedeckten Tisch sitzen Cora und Habib, Jesus und Zachäus, Maxxi, Emma, Sammy und natürlich der total ausgehungerte Nick. Endlich kann es sich das Pelztier nach Herzenslust gut gehen lassen. Im Hause des Zachäus herrschte wohl noch nie so eine ausgelassene Stimmung. Seit Jahren hat hier niemand mehr mit dem Hausherren gegessen. »Danke, dass zumindest ihr meiner Einladung gefolgt seid«, sagt der mittlerweile doch ganz nette Zachäus.

Am Tischende bei Cora und Jesus geht es ruhiger zu. Jesus möchte wissen, wie es Cora geht. Sie erzählt von der Suche nach dem Professor und von Hreel. Cora seufzt. »Ich wäre gern endlich wieder mit meinem Vater zu Hause.«

»Vertrau' auf Gott, Cora«, ermuntert Jesus sie, und schon fühlt Cora sich viel ruhiger.

Nick wird herausgeschickt, um für alle Wasser aus den Fässern zu holen. Dabei hat er nicht einmal seinen siebten Teller Suppe leer gegessen. Fehlt ihm vielleicht deshalb die Kraft? Jedenfalls schwankt er mit dem Fass wie ein Matrose bei Windstärke zwölf über das Deck.

Als Emma nach ihm Ausschau hält, fällt Nick mitsamt dem Fass zu Boden, und eine kleine Springflut ergießt sich über ihn. Aber was ist das?

Am Boden des Fasses schimmert es hell. Es ist Gold! »Gute Güte, ich glaube, du hast das Geld gefunden, das Zachäus seinen Mitbürgern unrechtmäßig abgeknöpft hat«, schlussfolgert Emma.

Auf diesen Moment haben Hreel und seine Soldaten nur gewartet. Mit geübten Handgriffen stülpen zwei von ihnen dem armen Nick einen Sack über den Kopf. Ein Dritter lässt den schnatternden Vogel in einem anderen Sack verschwinden. Die Geldstücke schmeißt er hinterher. Mit geschulterten Säcken ziehen die Halunken ab.

Die fröhliche Gesellschaft im Haus von Zachäus ahnt nichts von der Entführung. Bevor Jesus schlafen geht, wendet er sich noch einmal an seinen Gastgeber: »Ich bin sehr froh, dass du dich geändert hast, Zachäus. Und deine Mitbürger werden das sicher auch einsehen«, verspricht Jesus. Das freut Zachäus.

So langsam wundern sich alle aber doch, wo Nick und Emma bleiben. Selbst wenn Nick einen Umweg über die Speisekammer gemacht hat, müssten die beiden doch so langsam wieder auftauchen. Ob wieder Hreel dahinter steckt? Sie sollten lieber einmal nachschauen.

Cora hat sich nicht getäuscht. Umgestürzte Fässer, Kampfspuren, und weit und breit nichts zu sehen von Nick und Emma. Da hat Hreel seine Hand im Spiel.

»Mein ganzes Geld, es ist weg«, klagt Zachäus, »und die Stadtbewohner werden gleich hier sein und ihren Teil zurückfordern. Was soll ich denn jetzt bloß machen?«

Die Kinder wollen Jesus alles berichten, doch Zachäus ist dagegen. Voller Angst hält er Habib sogar den Mund zu. Er befürchtet, dass Jesus von ihm enttäuscht sein könnte. »Auch wenn ich jetzt die Wahrheit sage, wer wird mir glauben?«

Außerdem ist Eile geboten: »Ihr müsst mir helfen, das Geld wiederzubekommen«, fleht er seine neuen Freunde an. Er ist völlig verzweifelt. Cora und Habib sind bereit, ihm zu helfen. »Aber sich jetzt gleich auf die Suche zu machen, hat keinen Zweck«, schätzt Habib, »es ist zu dunkel.«

Das Piepsen einer kleinen Wüstenrennmaus bringt Zachäus alle Hoffnung zurück. »Nanu!«, quietscht Maxxi und hält stolz eine goldene Münze empor. »Und da liegen noch mehr, seht ihr?«, verkündet sie wichtig.

»Du hast wirklich gute Augen, Maxxi. Folgen wir der Geldspur!«, lobt Cora die Entdeckerin der Fährte.

Die schlaue Emma! Es war ihr gelungen, ein Loch in den Sack zu picken: Nach jedem fünften Schritt ihres Entführers hat sie eine Münze fallen gelassen und so eine goldene Fährte gelegt, die am Haus des Zachäus beginnt.

Wo diese Spur endet, wird auch ihr Vater zu finden sein. Das weiß Cora. Mit Mann und Maus ziehen sie also los. Maxxi erweist sich als ausgezeichnete Spürnase und führt sie sicher zu einer verlassenen Scheune vor den Toren der Stadt.

Durch einen schmalen Fensterschlitz blicken die Freunde ins Innere. »Ich sehe Nick! Und Emma! Und mein Vater ist auch da«, flüstert Cora glücklich. Aber die Freunde sind gefesselt – und Hreel ist ebenfalls dabei. Hreel, der eben noch über seinen Sieg triumphierte, entdeckt plötzlich das Loch im Sack. »Was ist das? Wer von euch ist das gewesen? Geht sofort zurück und sammelt alle Münzen wieder auf!«, befiehlt er den Soldaten.

Als die Soldaten im Dunkel verschwunden sind, beschließen die Kinder, den Angriff zu starten. »Er ist allein«, sagt Cora, »das müssen wir ausnutzen. Zachäus soll Wache halten und Bescheid sagen, wenn die Wachmänner zurückkommen. Und wir kümmern uns solange um Hreel!«

Vorsichtig wagen die Freunde einen erneuten Blick in die Scheune: Hreel baut Türme aus Goldstücken, Emma und Nick sitzen gefesselt hinter ihm. Auf der anderen Seite des Stalles hockt Professor Petersen, festgebunden an einen Pfeiler.

»Papa! Papa!«, flüstert Cora. Doch er hört sie nicht, er schläft.

Maxxi und Sammy wagen den Vormarsch. Geschickt lösen sie die Fesseln von Nick und Emma. Dann können sie den Sack mit den Goldstücken unbemerkt in Richtung Ausgang zerren. Alles geht gut.

Fast zumindest. Denn Coras Sehnsucht nach ihrem Vater ist zu groß. Ohne nachzudenken läuft sie zu ihm. »Cora, nicht!«, flüstert Habib noch. Doch es ist zu spät. Cora übersieht den Sack und stolpert über Tiere und Münzen.

Natürlich – dieser Lärm reißt Hreel aus seinem Zeitvertreib mit dem vielen Geld. »Was? Du? Hiergeblieben!«, wettert er und versucht, sich auf das Mädchen zu stürzen.

Wenigstens ist nun auch Professor Petersen wach. »Lauf, Cora!«, ruft er seiner Tochter zu, als wäre dies das einzige Wort, das ihm einfällt, wenn er sie sieht. Cora weiß, dass es keine andere Möglichkeit gibt. Sie muss ihren Vater verlassen, wieder einmal. Noch ehe Hreels kühner Sprung auf dem harten Boden endet, ist sie ihm entwichen und rennt den anderen nach. Hreel stößt sich gewaltig seinen bösen Kopf.

Cora und ihre Freunde laufen, so schnell sie können, zurück in die Stadt. Hreels Soldaten folgen ihnen. Zachäus ist nicht gerade schnell: Das Geld wiegt schwer und laufen musste der Steuereintreiber seit der Schulzeit nicht mehr. Endlich haben sie das Stadttor erreicht. Die Soldaten kommen immer näher. Vor Aufregung stolpert Zachäus über einen Stein und schlägt lang hin. Das Gold aus seinem Sack liegt weit verstreut überall auf dem Straßenpflaster.

Noch bevor es Zachäus wieder aufsammeln kann, taucht Hreel wie aus dem Nichts auf. »So, und jetzt her mit dem Geld!«, schnauzt er siegessicher.

Zachäus erschrickt. Doch diesmal sind es die Bewohner von Jericho, die ihm zu Hilfe kommen. Dieselben, die ihn gestern zum Tor hinaus geworfen haben.

Die Palmenstadt erwacht um diese Stunde. Aus allen Straßen strömen die Menschen zusammen.

»Dich hat Zachäus nicht bestohlen. Du bist nicht von hier«, warnt ihr Anführer Hreel feindselig.

»Ich meinte, her mit ihrem, also eurem Geld«, versucht Hreel abzulenken. »Zachäus wollte sich damit aus dem Staub machen. Aber ich habe ihn daran gehindert und es für euch zurückgeholt.«

»Das ist gelogen! Er hat das Geld gestohlen, um es für sich zu behalten!«, mischt sich Cora ein.

Noch immer glaubt Hreel, die Leute aus Jericho für sich gewinnen zu können. »Wollt ihr dieser dahergelaufenen Göre glauben, oder mir?«, fragt er scheinheilig.

Der Anführer hat eine klare Antwort. »Jesus hat sich für sie verbürgt. Und wer bürgt für dich?«

Dieser Schlag sitzt. Hreel wendet sich Hilfe suchend an seine Soldaten. Doch auch sie wollen plötzlich nichts mehr mit ihm zu tun haben.

Sein herrisches Geschrei wandelt sich in kleinlautes Schimpfen. »Wenn das so ist, dann könnt ihr mir alle gestohlen bleiben«, wispert er nur noch und läuft so schnell er kann zum Stadttor hinaus. Das Gelächter der Menschen aus Jericho verfolgt ihn.

Am glücklichsten von allen ist Zachäus: Die Leute haben ihm geglaubt, und zwar ohne, dass er sich verteidigen musste! Mit freudigem Herzen schnürt er den Beutel zusammen und übergibt ihn dem Anführer. »Hier ist das Vierfache dessen, was ich euch genommen habe.«

»Danke, Zachäus. Du hast dich wirklich geändert«, sagt der Mann und blickt ihm offen in die Augen. Zachäus weiß nun, dass es viel schöner ist, Freunde zu haben, statt Geld.

Später will Jesus von ihm Abschied nehmen. »Ich danke dir für deine Gastfreundschaft, Zachäus«, sagt er gutmütig. Doch es ist Zachäus, der zu danken hat. »Dein Besuch hat mir mehr bedeutet, als du dir vorstellen kannst, Jesus«, bekennt er ehrlich.

Jesus würde seine kleinen Freunde gern mit auf seine Reise nach Jerusalem nehmen. Dorthin, wo sie sich damals kennengelernt haben.

»Das geht leider nicht«, erklärt ihm Cora, »Hreel hat meinen Vater immer noch in seiner Gewalt.«

Nach Hreels Flucht hatte sie versucht, ihren Vater zu befreien. Doch als Cora keuchend vor der Scheune stand, war niemand mehr darin zu finden.

Jesus versteht das Mädchen ohne viele Worte. »Auch ich bin auf der Suche nach meinem Vater«, entgegnet er.

Sie verabschieden sich herzlich. »Schalom, Freunde.«

Hreel hat Professor Petersen aus dem Versteck gezerrt. Er liegt mit ihm nun unweit von Zachäus' Haus hinter einem Gebüsch in Deckung. Das Gesicht von Hreel ist finster wie nie – und voller Angst.

Da ist sie, die Stimme, vor der er sich so fürchtet, die Stimme des Bösen. »Du bist und bleibst ein Versager«, dröhnt es aus dem Nichts, eisiger Wind und ein Schatten ziehen über das Wüstenland. Das Vogelzwitschern erstirbt, dem Professor wird es kalt. »Das ist unfair. Ich war so nah dran«, versucht Hreel, sich halbherzig zu verteidigen. Diesmal ist er es, der nicht zu Wort kommt. »Sei froh, dass ich dir noch eine Chance gebe.« Und schon donnert ihm die Stimme den nächsten Befehl entgegen: »Begib dich zu Gen 1,1.«

Das Vogelzwitschern und die Sonnenwärme kehren zurück. Mit fliegenden Fingern holt Hreel seinen Zeitreisewürfel heraus und stellt die Koordinaten für die Zeitreise ein. Ein roter Blitz zerschneidet kurz den Sommerhimmel – und Hreel und der Professor sind entschwunden.

»Papa!« Cora sieht den roten Blitz aus der Ferne. »Kommt schon, Beeilung!«, ruft sie ihren Freunden zu und läuft in die Richtung des Lichtstrahls.

Und tatsächlich. An der Stelle, an der vermutlich Professor Petersen im Gebüsch gesessen hat, entdeckt Habib das Chi Rho-Zeichen. »Schau mal! Dein Vater muss ein paar von den Münzen eingesteckt haben, damit er uns den Bibelcode hinterlassen kann«, ruft Habib vergnügt.

»Halte durch! Wir kommen, Papa!«, ruft Cora, während sie C.T. aus der Tasche holt und Gen 1,1 einstellt. »Folgen wir der Bibelspur!«, ermuntert sie die Freunde und strahlt über das ganze Gesicht. Fast so hell wie der weiße Blitz, der gleich darauf den blauen Himmel über Jericho durchzuckt – und mit dem die Freunde nun davonreisen.

Bibliografische Information der Deutschen Nationalbibliothek
Die Deutsche Nationalbibliothek verzeichnet diese Publikation in der Deutschen Nationalbibliografie;
detaillierte bibliografische Daten sind im Internet über http://dnb.d-nb.de abrufbar.

Der Soundtrack der Serie ist im Handel erhältlich.

Verlagsgruppe Random House FSC-DEU-0100
Das für dieses Buch verwendete FSC-zertifizierte Papier
LuxoSamt liefert Sappi, Biberist, Schweiz.

1. Auflage
Copyright © 2011 by Gütersloher Verlagshaus, Gütersloh, in der Verlagsgruppe Random House GmbH, München

Dieses Werk einschließlich aller seiner Teile ist urheberrechtlich geschützt. Jede Verwertung außerhalb der engen Grenzen des Urheberrechtsgesetzes ist ohne Zustimmung des Verlages unzulässig und strafbar. Das gilt insbesondere für Vervielfältigungen, Übersetzungen, Mikroverfilmungen und die Einspeicherung und Verarbeitung in elektronischen Systemen.

www.chirho.kika.de
www.chirho.tv

Umschlaggestaltung: KIDS interactive

Druck und Einband: MohnMedia GmbH, Gütersloh

Printed in Germany

ISBN 978-3-579-06727-8

www.gtvh.de